문학과지성 시인선 495

괴괴한 날씨와 착한 사람들

임솔아 시집

문학과지성사

문학과지성 시인선 495

괴괴한 날씨와 착한 사람들

초판 1쇄 발행 2017년 3월 6일
초판 13쇄 발행 2024년 8월 20일

지 은 이 임솔아
펴 낸 이 이광호
펴 낸 곳 ㈜문학과지성사

등록번호 제1993-000098호
주   소 04034 서울 마포구 잔다리로7길 18(서교동 377-20)
전   화 02)338-7224
팩   스 02)323-4180(편집) 02)338-7221(영업)
전자우편 moonji@moonji.com
홈페이지 www.moonji.com

ⓒ 임솔아, 2017. Printed in Seoul, Korea

ISBN 978-89-320-2993-1 03810

이 책의 판권은 지은이와 ㈜문학과지성사에 있습니다.
양측의 서면 동의 없는 무단 전재 및 복제를 금합니다.

지은이는 2015년 서울문화재단 예술창작지원금을 수혜했습니다.

이 도서의 국립중앙도서관 출판예정도서목록(CIP)은 서지정보유통지원시스템 홈페이지
(http://seoji.nl.go.kr)와 국가자료공동목록시스템(http://www.nl.go.kr/kolisnet)에서
이용하실 수 있습니다. (CIP제어번호: CIP2017005270)

문학과지성 시인선 495
괴괴한 날씨와 착한 사람들

임솔아

시인의 말

언니가 열쇠라는 것만 알았지.
방 열쇠를 나눠 가지면 된다는 걸 나는 몰랐어.

내 방에선 끔찍한 다툼들이 얽혀
겨우겨우 박자를 만들어내.

언니는 말했지.
이런 세계는 풀 수 없는 암호 같고,
그런 건 낙서만큼의 가치도 없다고.

그건 얼마나 옳은 생각인지.

언니와 나 사이에 사는 사람들과
열쇠를 나누어 가지면 좋을 텐데.

2017년 3월
솔아가

괴괴한 날씨와 착한 사람들

차례

시인의 말

1부

석류 9
모래 10
아름다움 12
보풀 14
예보 16
벤치 18
기본 20
두꺼비와 나 22
여우 24
오월 27
동물원 28
여분 30
같은 32
악수 34
나를 35
중계천 36

2부

아홉 살 41
환승 44
승강장 46
티브이 48
모형 52
계속 54

3부

개처럼 61
렌트 64
옆구리를 긁다 66
케빈 카터 68
살의를 느꼈나요? 70
어째서 72
하얀 75
익스프레스 78
첫 밥솥 80
멍 82
대신 83
동시에 84
뒷면 85
가방 86
비극 88
그래서 그랬다 90

복성루 92
예의 94
보일러실 96
만진다 98
다음 돌 100
별로 101

4부
가장 남쪽 105
룸메이트 111
노래의 일 120
빨간 122

1부

석류

 창문은 창밖에 서 있는 나를 보게 한다. 내 허벅지 위로 도로가 나 있고 내 허리 속으로 막차가 도착한다. 사람들이 쏟아져 내리고 내 가슴 속 빌딩으로 걸어 들어간다. 가슴에 손을 넣어 창문을 연다. 한 여자가 화분을 분갈이하고 있다. 그 아래 창문을 열면 쪼개어진 석류가 식탁에 있다. 그 아래 창문을 열면 하얗다. 갓난아이가 눈을 움켜쥔 채 설원 위를 기어간다. 그 아래 창문을 열면 내 눈썹에서 가로등이 켜진다. 내 이마에서 비행기가 지나간다. 몸속에 있던 도시가 몸 밖으로 배어 나온다. 마지막 창문을 열면 창 안에 서서 창문을 세어보는 나를 볼 수 있다. 알알이 유리가 빛나고 있다. 불을 끄면 창밖에 서 있는 나와 창 안에 서 있는 내가 함께 사라질 수 있다.

모래

오늘은 내가 수두룩했다.
스팸 메일을 끝까지 읽었다.

난간 아래 악착같이 매달려 있는
물방울을 끝까지 지켜보았다.
떨어지라고 응원해주었다.

내가 키우는 담쟁이에 몇 개의 잎이 있는지
처음으로 세어보았다. 담쟁이를 따라 숫자가 뒤엉
켰고 나는
속고 있는 것만 같았다.

술래는 숨은 아이를 궁금해하고
숨은 아이는 술래를 궁금해했지. 나는
궁금함을 앓고 있다.

깁스에 적어주는 낙서들처럼
아픈 문장에게 인기가 좋았다.

오늘은 세상에 없는 국가의 국기를 그렸다.
그걸 나만 그릴 수 있다는 게 자랑스러워서

벌거벗은 돼지 인형에게 양말을 벗어 신겼다.
돼지에 비해 나는 두 발이 부족했다.

빌딩 꼭대기에서 깜빡거리는 빨간 점을
마주 보면 눈을 깜빡이게 된다.
깜빡이고 있다는 걸 잊는 방법을 잊어버려
어쩔 줄 모르게 된다.

오늘은 내가 무수했다.
나를 모래처럼 수북하게 쌓아두고 끝까지 세어보았다.
혼자가 아니라는 말은 얼마나 오래 혼자였던 것일까.

아름다움

바다를
액자에 건다.

바다에 가라앉는 나를 본 적이 있다.
팔다리가 부식되어
산호가 되어갔다.

허옇게 변한 사지가
산호들 사이에 갇혀 있었다.
노랗거나 파란 물고기들이 주변을 배회했다.

저기 열대어가 있어, 스킨다이버들이
내 쪽을 가리키며 말했다. 젖은 빵을 찢어 던졌다.
아름답다는 말을 산호 숲에 남겨두고
스킨다이버들은 뭍으로 돌아갔다.

나를 그곳에 둔 채 나도
꿈에서 빠져나왔다.

이곳을 떠나본 자들은
지구가 아름다운 별이라 말했다지만
이곳에서만 살아본 나는
지옥이 여기라는 걸 증명하고 싶다.

나를 여기에 둔 채 나는
저곳으로 다시 빠져나가서

정육점과 세탁소 사이에
임대문의 종이를 쳐다보고 서 있다.
텅 빈 상가 속에서 마리아가 혼자
퀼트 천을 깁고 있다.

이 액자를
다시 바다에 건다.

보풀

빈손을 넣어
빈 주머니를 만지고 있다.

뭐가 들어 있어?
뭐가 들어 있어.

한쪽 주머니 속에는
환하고 네모난 주머니가
마룻바닥에 떨어져 있다.

꾸질꾸질한 북실개가
주머니 안으로 슬금슬금 걸어 들어가서
가만히 엎드려 있다.

조금씩 주머니는 이동하고
개도 함께 이동을 하고

비어 있는 한쪽 주머니 안으로는

개가 오고 있는 중이다.
흑구름이 끼면 환한 주머니는 사라진다.

보이지 않는 개가 흑구름 위에 있다.
그곳은 이상하게 밝다.
개는 거기에 조용히 엎드려 있다.

날씨 밖의 날씨, 그 끝에 있는
진짜 날씨에 대해 생각한다.
발끝이 온도를 버린다.
주머니가 다시 생기기를 기다린다.

실은 주머니에 아무것도 없지?
주머니를 뒤집는다.
보풀이 있다.

올 것 같은 개가 오지 않아서
나는 주머니 솔기를 뒤져
보풀을 꺼내고 있다.

예보

나는 날씨를 말하는 사람 같다.

봄이 오면 봄이 왔다고 비가 오면 비가 온다고 전한다.

이곳과 그곳의 날씨는 대체로 같고 대체로 다르다. 그래서 날씨를 전한다.

날씨를 전하는 동안에도 날씨는 어딘가로 가고 있다.

날씨 이야기가 도착하는 동안에도 내게 새로운 날씨가 도착한다.

이곳은 얼마나 많은 날씨들이 살까.

뙤약볕이 떨어지는 운동장과 새까맣게 우거진 삼나무 숲과

가장자리부터 얼어가는 저수지와 빈 유모차에 의지해 걷는 노인과

종종 착한 사람 같다는 말을 듣는다.

못된 사람이라는 말과 대체로 같고 대체로 다르다.

나의 선의는 같은 말만 반복한다. 미래 시제로 점철된 예보처럼 되풀이해서 말한다.

선의는 잘 차려입고 기꺼이 걱정하고 기꺼이 경고한다. 미소를 머금고 나를 감금한다.

창문을 연다. 안에 고인 괴괴한 날씨와 착한 사람들을 창밖으로 민다.

오늘 날씨 좋다.

벤치

이 벤치에서 두 사람과 헤어졌다.
다른 시간에 다른 사람이 여기에 앉아 나를 기다렸다.
이 벤치를 지날 때마다 둘 중 한 사람이 여기에 앉아 있다.

오늘은 햇빛이 한 사람의 정수리를 통과하고 있다. 그에게는 그늘도 없다.
오늘은 빗방울이 한 사람의 무릎을 통과하고 있다. 그래 우리 그만하자.

사람을 통과한 비를 나는 만질 수 있다.
오늘은 여기 없는 다른 한 사람이 손끝에 있다.

한 나뭇잎은 허옇게 마른 그대로 나뭇가지에 매달려 있다.
다른 한 나뭇잎은 허옇게 마른 그대로
멀리 사라져버린다. 죽은 채로 떨어져 내린 나뭇

잎을 일일이 셀 수는 없다.

　한 사람에 대해서는 매일 덧칠을 하고
　한 사람에 대해서는 매일 사라짐을 경험한다.

　그래 우리 그만하자는 말 좀 그만하자.

　우리는 앉을 곳을 빼앗긴다.
　너무 오래 비어 있는 의자는 누군가 맡아놓은 자리 같고
　미안하지도 않아서 미안함은 너무 오래간다.

기본

흰 티셔츠를 찾아다녔다.
내일의 약속을 위해서

옷가게에 들어갔다. 흰 티셔츠가 흰 티셔츠끼리
모여 있었다. 가슴에는 주머니가 없거나 있었다.

옆 가게에도 들어갔다. 흰 티셔츠가 다른 티셔츠와
무더기로 쌓여 구겨져 있었다.
구겨진 옷은 조금 더 저렴했다.

얼굴 없는
마네킹은 어떤 옷이든 잘 어울렸다. 내 얼굴에
잘 어울리는 티셔츠를 찾아다녔다.
기본 티는 기본적으로 가지고 있어야죠, 점원이

말했다. 흰 티셔츠를 찾아다니다 집에 있는
흰 티셔츠가 기억났다. 기본적으로
가지고 있는 것이니까 집으로 돌아와

옷장 서랍을 열어보았다.
흰 것들을 모두 꺼내보았다.
흰 티셔츠는 저마다 다른 얼룩을 갖고 있었다.

쪼그리고 앉아 얼룩에다 치약을 묻혀
비볐다. 지워지고 있는 얼룩을 이목구비가 허옇게 바래가는
폴라로이드 사진처럼 오래 지켜보았다.

지워지는 얼룩은
지워졌고 지워지지 않는 얼룩은
지워지지 않았다. 가장 잘 어울리는 옷은
가장 자주 입어 가장 쉽게 얼룩이 졌다.

탈수된 티셔츠를 세탁기에서 꺼내어
탁탁 털었다. 창가에 걸어두었다. 티셔츠가
펄럭였다. 말라가면서 옷은 더 환해졌다. 내 방에는
얼굴 없는 빨래들의 환한 냄새가 퍼져갔다.
내일은 약속이 있다.

두꺼비와 나

돌들이 일제히 쏘아보는 게 좋아서
밤마다 자갈밭 벤치에 앉아 있습니다.

눈알만 번쩍거리는 건
나도 마찬가지입니다.

나는 움직이지 않습니다.
다른 그림자 하나도 저기서
움직이지 않습니다.

힘껏 돌을 던집니다.
맞아도 꿈쩍 않는 게 좋아서 더 큰 것을
기어이 던집니다.

우리는 종이컵 전화를 하는
쌍둥이자리 같습니다.

삼백 살 먹은 은행나무 한 쌍이

흙탕물을 할짝할짝 나눠 마시고 있습니다.

굶주린 고라니 두 마리가 마을로 내려옵니다.
폭죽처럼 총성이 퍼져갑니다.
총성을 고라니들이 국물처럼

따뜻하게 얻어먹고 있습니다.
얼금뱅이 구름 그림자가
이곳에 얼굴을 내려놓습니다.

두꺼비 무늬를 성홍열처럼
모두가 나눠 가집니다.

내가 많아지는 게 좋아서
기어이 나는 커다래집니다.

여우

개가 공 위에 서 있다.
피에로가 피리를 들고 있다.
나는 태엽을 돌린다.

유리 속에서
개와 피에로가 돌아간다.
개의 눈에는 숲이 돌아가는 것처럼 보일 것이다.

태엽을 돌리는 동안
숲은 오르골이 된다. 숲에는 나와
내 농구공과 생수병과
여우가 있다.

오르골 속에서 오르골 속을 본다.
피에로가 피리를 불지 않아도
음악이 나오고 내가 공을 던지지
않아도 달이 나무를 하나씩 빠져나간다.

가만히 도는 것만으로도
태엽이 늘어져간다. 농구공에서는
바람이 빠져나간다.
나는 생수병 뚜껑을 돌린다.
먹다 남긴 생수병에는 만년설이 비친다.

터키인 꼬마가 하얀 옷을 입고
세마의식을 치렀다.
평형감각이 무너질 때까지 제자리를
돌고 도는 것으로 꼬마는
신과 이야기할 수 있다고 했다.

바늘을 꽂아
농구공에 바람을 넣는다.
바람이 농구공을 단단하게 만들고
나는 농구공을 걷어찬다.

비가 멈춘 후에 바람이 불면

나무는 비를 쏟아낼 수 있다.
헤드라이트 불빛 안에서만 비가 보인다.
여우가 헤드라이트 속으로 달려든다.

오월

떠다니는 민들레 홀씨 하나를 잡았다. 손바닥에서 하얀 거미가 터졌다. 손바닥을 쥐고 걸었다. 그림자들이 숲의 이목구비를 바꿔 그렸다. 숲의 머리카락이 길어졌다. 껍질이 갈라졌다. 나무들 정수리마다 둥지를 트는 새들을 보았고 나는 내 가마를 만졌다.

웅덩이에 빠졌던 맨발이 발자국을 만들었다. 오월의 맨발이 공원을 만들었다. 뭉텅 피어났고 뭉텅 떨어졌던 꽃들. 나는 차가운 돌 위에 앉아 고여갔다.

바닥에서 끌려다니던 나뭇잎처럼 돌아오지 않는 검은 조각들이 있었다. 발밑의 나뭇잎을 주워 먼지를 털었다. 분명 내 살에서 자라던 것들. 손가락이 젖고 있었다. 검은 잎맥에서 물이 새고 있었다. 우리는 서로 베였다. 나와 나뭇잎은 뼈로 닿았다.

왕사슴벌레의 유충이 집이 되어가고 있었다. 꽃들은 오월에 쏟아졌고 오월에 다 웃었다. 꽃들은 오월에 완벽했고 오월에 다 죽었다.

동물원

검은 눈동자 주변을 검은 하루살이들이 배회했다.
눈동자에
빠져 죽은 하루살이를 손끝으로 꺼냈다.
무더운 나라의 동물원에도

북극곰이 있었다.
녹아내리는 얼음덩어리 위에

널브러져
북극도 북극곰이라는 사실도
모르는 북극곰도
거기가 북극이 아니라는 건 알고 있었다.
입을 벌린 채

매일 아침 나는 순환선에 앉아 있었다.

비가 내렸고
돌돌 접은 우산의 꼭지에는 빗방울이 모였다.

내 몸을 타고 내려온 것도

발밑에 웅덩이로 고였다.
한 방울
한 방울
한 방울

호수가 남아 있었다. 북극을 지나가고 있었다. 나는 웅덩이를 순환선에 두고 내렸다.

여분

우두둑, 뜯어지는 소리를 들은 적이 있다.
내 머리가 떨어져
바닥을 굴러가다가 사라졌고

나는 죽었구나
그랬는데

얼마나 더
여분의 목숨이 남아 있을까.
차가운 무릎을 두 손으로 감싸 쥐면
무릎이 녹아내린다.
무릎이 사라져간다.

사라지고 있는데
살 것 같다.

나를 살게 하는 것들과
나는 만나본 적이 없다.

내 심장은 어떻게 생겼을까.
빨갛고 예쁠까.

무릎에 눈꽃이 피고 있다.
코트를 열어 무릎을 집어넣고 감싼다.

코트 안쪽에 달려 있는 여분의 단추에
나와 닮은 얼굴이 있다.

까맣고 동그랗구나
했는데

같은

모래 위의 게들이 모래색이다. 종일 바다를 바라보다가 먼 발소리가 들리면
구멍을 파고 내려간다.

스티로폼 배는 멀어진다. 거미줄처럼 허술한 그물에도 어떤 물고기가 갇힌다. 건기와 건기 사이에는 퍼드덕대는 우기가 있다.

물방울도 구름을 버려야 할 때가 온다. 바지만 입고 사는 소년들도 모래색 게들처럼 불빛 없는 집 속으로 숨어들어야 할 때가 온다. 숨구멍처럼 검은 입구들이 빼꼼거린다.

그럴 수밖에 없기 때문에
노인은 비를 맞으며 서슴서슴 바늘에 낚싯줄을 꿰고
은색 정어리는 서슴없이 녹슨 바늘에 입술을 꿴다.

바닷속에도 지난한 나라가 있다. 발소리가 목숨처럼 따라오는 나라가 있다.
몸 안의 가시를 키워야 물고기들은 살 수가 있다.

맨발의 소년들이 높은 나무를 다시 기어오른다. 한 켜 한 켜 신발로부터 멀어진다. 기는 것만으로도 높이
높이 올라간다. 낮아지는 것과 높아지는 것이 같은 날씨 안에서 동시에 생긴다.

구멍들이 절벽처럼 깊어간다.
하나의 구멍에서 수천의 개미가 쏟아져 나온다.

악수

 공원에 앉아 돌을 따라 한다. 바짝바짝 팔다리를 끌어안는다. 비가 내려도 속살은 젖지 않으려 한다. 이것을 마중이라 부르자. 참새가 날아와 돌을 쫀다. 입술을 화살같이 모으고 입맞춤을 한다. 이것을 악수라고 생각하자. 구멍 뚫린 돌을 만난다면 구멍마다 담긴 안부를 꺼내 읽을 수 있을 것이다.

 바람이 분다. 혼자 굴러가는 배드민턴공이 혼자서 굴러간다. 새를 기억하는 돌이 되어서.

 모래바람이 분다. 돌의 부스러기가 내 눈을 쫀다. 바람에 흩날리는 머리칼처럼 나는 헝클어지며 바람의 방향을 따라간다. 새의 부리가 돌의 깨어짐을 응원하고 있다. 입안에서 모래가 서걱인다. 그것을 약속이라 부르자. 내 몸의 구멍마다 모래가 차오른다.

나를

내 그림자로 인해 나는 나를 구경할 수 있다. 그물처럼 서로의 그림자가 겹쳐질 때 그곳은 우리의 집이 된다. 아무나 밟고 지나갔으나 아무리 밟아도 무사해지는 집이 느리게 방바닥에서 움직인다.

구름 그림자가 방 안으로 들어오면 창밖의 먼 곳에서 바람이 분다. 구름 그림자는 발끝부터 나를 지나간다. 날벌레 한 마리가 구름 그림자를 드나들고 먼 것들이 틈틈이 나를 뒤덮는다.

나는 오랫동안 있다.
그림자는 목숨보다 목숨 같다. 나는 아무것에나 그림자를 나눠 준다.
아무와 나는 겹쳐 살고 아무도 나를 만진 적은 없다.

중계천

의자가 모두 젖어 있어서 걸을 수밖에 없었다.

왕십리역 중계천, 물속을 헤엄치는 잉어를 따라 쥐 한 마리가 헤엄치는 것을 보았다. 대가리를 넣었다 뺐다 하면서

저 쥐 좀 봐, 누구는 잉어 같고 누구는 쥐새끼 같겠지.
사람들을 따라갈수록 나는 거짓말이 되어가.

물 밖으로 나온 쥐의 머리처럼 나는 헉헉거렸다.
나는 자꾸 나를 배제한다. 흔들리는 것은 모두 손짓 같았다.

전광판에서 태양의 서커스가 나왔다.
한 사람의 옷 속에서 다른 한 사람이 걸어 나왔다. 사람들이 연이어 걸어 나왔다. 둘둘셋셋 대화처럼 불을 내뿜었다.

불가능을 보여주는 서커스 단원이 되고 싶어.
처음 서커스를 관람하는 휘둥그레한 눈빛이 되고 싶어. 잉어를 따라 헤엄쳐가는 쥐처럼 숨을 거스르고 싶어.

바닥까지 가라앉고 나서야 시체는 다시
물 위로 떠오른다고 한다. 나는 의자들과 함께 젖었고 드디어 걸어갔다.

2부

아홉 살

도시를 만드는
게임을 하고는 했다. 나무를 심고 호수를 만들고
빌딩을 세우고 도로를

확장했다. 나의 시민들은
성실했다. 지루해지면

아이 하나를 집어 호수에
빠뜨렸다. 살려주세요

외치는
아이가 얼마나 버티는지
구경했다. 살아 나온 아이를 간혹은

살려두었고
다시 집어 간혹은 물에 빠뜨렸다. 아이를
아무리 죽여도 도시는 조용했다.
나는 빌딩에 불을

놓았다.

　허리케인을 만들고 전염병을 퍼뜨리고 UFO를 소환해서 정갈한 도로들을 쑥대밭으로 만들었다. 선량한 시민들은 머리에 불이 붙은 채 비명을 지르며

　뛰어다녔다. 내 도시 바깥으로 도망쳤다. 나는 도시를 벽으로
　둘러쌌다. 그러나 모든 것을

　태우지는 않았다.
　나의 시민들이 다시 도시를 세울 수 있을 정도로만 나는 도시를
　망가뜨렸다. 더 놀고 싶었기 때문에. 더 오래 게임을 하고 싶었으니까. 나는 나의

　시민들에게 미안하지
　않다. 아무래도

미안하지가 않다.
 약간의 사고와 불행은 나의 시민들을 더 성실하게 했다.

환승

 무결한 중심각을 지닌 사람들이 자전거의 미끈한 바큇살처럼 유유히 굴러갈 때
 이를 가는 마음으로 절름발이는 지면에 다리를 간다. 슬개골이 무릎보다 더 커진다.

 절름발이 별이 우주에서 끝없이 고리의 반쪽을 절고 있다. 불완전한 궤도로서 다른 별의 완전한 궤도를 침입하고 있다.

 수많은 별똥별들이 구골(狗骨) 열매인 양 떨어진다.
 작은 짐승들은 신의 눈물을 보듯 경건해진다.
 절름발이만이 우리들 중 유일하게 우주에 개입하고 있다.

 절름발이가 걸어간다. 가장 가까운 자성부터 끌어당기는 만유인력을 몸소 실천하면서 가드레일을 자기 몸으로 환치하면서 뒤쪽에서 걷는 사람들과 더 가까워지면서 일호선에서 이호선으로 차가운 손잡

이에서 더 차가운 승객에게로 자기 몸을 옮기면서.

 삼박자로 걷는 개가 평행우주처럼 지상에서 건널목을 기웃댄다. 한 우주가 두 우주를 업고 따라온다.

 공기의 틈새를 엿보고 너는 절름발이가 된다. 태엽이 고장 난 오르골의 발레리나처럼 삐걱거리며 계단 하나를 짚고 서 있을 때

승강장

 어디 아프냐고 누군가 물었다. 아이는 빨간 신 한 짝을 잃어버려서 찾아다니다가 집을 잃어버렸다고 했다.
 너무 큰 바지를 입은 것처럼 아이는
 흘러내리는 기억을 추스르려 애쓴다.

 신이 나를 잃어버릴 때마다 내가 도착하곤 했던 종점의 오디나무가 떠올랐다. 떨어진 오디를 주워 들고서 오디처럼 빨간 것들에 잇자국을 남겼던.

 아이는 승강장 바닥을 빨개진
 맨발로 걷고 있다.
 아이를 데리고 유실물 보관소에 갔지만 주인을 잃어버린 열쇠와 가방 들이 있었지만 신은 없었다.

 신을 꼭 찾아야 해요,
 승객들이 내리고 지하철의 불이 꺼질 때 아이는 지하철로 걸어 들어갔다. 빨간 아이를 담은 채 검은 지하철은 아무도 가본 적 없는 노선으로 출발했다.

신도 인간을 이렇게 계속 찾아다닐 것이다. 그래서 집을 잃어버렸을 것이다.
아프냐고 물어주길 기다리고 있을지도 모른다.
누군가 잃어버렸을 뿐 유실물 보관소의 물건들은 누구도 버린 적이 없었다.

티브이

그렇게 슬퍼? 광복 70주년 기념 프로그램에서 숭례문이 불타고 있었다.

로션을 바르는 것처럼 그는 콧물을 손바닥으로 문지른다.

우리나라 국보 1호인데 가슴이 미어진다며 운다.

나는 키즈 과학체험을 보며 운다. 소의 배에 구멍을 뚫고 아이들에게

손을 넣게 한다. 소야. 커다란 눈을 껌뻑이는 소야.

아이들이 배에서 꺼낸 곤죽이 된 음식물을 허연 침을 뚝뚝 흘리며 핥는 소야.

나는 콧물을 풀고 눈물을 닦으며 티브이를 본다.

지금은 긴급속보에서 카트만두가 무너지고 있다.

사망자가 8백 명이라더니 이 시를 쓰는 동안 4천 명으로 늘었다.

왜 울지 않아? 우리나라 이야기가 아니라서 그는 눈물은 안 난다고 한다.

티브이에서 본 비극을 모아 나는 지금 시를 방영한다.

뛰어난 인류를 상상한 독재자가 학살을 자행한 다큐를 보았고

머리채를 잡힌 여자가 중심가로 질질 끌려가며 죽어갔고

수백의 사람들이 구경만 했다는 뉴스를 감자칩을

먹으며 메모했다.

 잔재 아래에서 울음소리가 올라온다. 이름이 뭐예요? 대답하세요, 구조대 올 거예요,

 말을 해요, 그래야 살 수 있어요, 나는 티브이에게 말을 건다.

 깜박깜박 졸음에 빠지는 티브이를 깨운다.

 나는 티브이 속으로 들어간다. 차벽 너머의 그를 만난다.

 우리는 마주 보고 있다. 이곳은 마주 보는 것을 대치 중이라 한다.

 이 차벽 너머에서 그가 등을 돌렸으면 좋겠다고 생각한다.

등을 돌려야만 같은 티브이를 볼 수 있다. 나는 뒤를 돌아본다.

모형

기린이 보고 싶어서
기린을 보러 간다.

기린은 보지 못하고
기린을 만든다.

기린을 지구 옆에 둔다. 지구 옆에
얼굴이 백팔십도 돌아간 채 웃고 있는
영웅이 있다.

지구가 보고 싶어서
지구를 돌린다.

바다가 이렇게나 더 많은데
해구가 아니고 지구가 되다니.

기린에 기린이 없어서
지구에 지구가 없어서

사람에 사람이 없어서
좋다.

보려던 것을 못 보면 가짜를 만들게 된다.
나는 사람 같은 모형이 된다.

이 세계도 어느 세계의 모형에 불과하다.
보고 싶은 세계를 보지 못해
이 세계를 만들던 손들이 지금
이 세계를 부수고 있다.

세계가 세계로부터 헛걸음을 한다.
나는 나를 모형들과 함께 세워둔다.

계속

 트로이카는 '공간을 집어삼키면서' 달려가고 있었고 목적지가 가까워짐에 따라 그녀, 오직 그녀에 대한 생각만이 다시금 그의 정신을 더욱더 거세게, 거세게 점령하더니*

 드미트리는 피에 젖은 코트를 입었다. 마차는 사탕과 캐러멜과 권총을 싣고 달렸다. 노인은 쓰러졌고 사랑하는 여자에게 달려갔다. 다른 여자의 돈으로 샴페인을 잔뜩 싣고서.

 나는 달리는 마차가 등장하는 장면이 좋았다. 마차가 달리면 거기가 어디든 클라이맥스가 되었다. 가장 두려운 걸 벗어나려 할 때, 가장 소중한 걸 구하러 갈 때, 마차는 달렸다. 채찍을 휘두르며 계속해서 달렸다. 매 맞는 말들이 죽도록 달리는 게 나는 좋았다. 고통스러울수록 더 빠르게 마차가 달리는 게 좋았다. 두려워질수록 더 세게 채찍을 휘두르는 마부가 좋았다. 말들을 때리면서, 꼭 맞고 있는 것처럼 부들부들 떠는 게 좋았다. "아버지, 마왕이 보이지 않으세요?"**

나는 마왕이 좋았다.*** 아버지가 아픈 아들을 안고 달리는 게 좋았다. 옅은 안개에서, 늙은 버드나무 가지에서, 마왕이 자꾸만 튀어나오는 게 좋았다. 마왕이 아들에게 함께 가자고 속닥거릴 때 다이너마이트 심지에 붙은 불꽃처럼 마차가 달렸다. 파멸을 피하려 할수록 파멸에 가까워졌고, 마왕을 피해 달려갈수록 마왕에게 가까워졌고, 죽음으로부터 도망가려 할수록 죽음에 가까워지는 게 좋았다.

"네놈들이 우리 엄마를 죽였단 말이야." 계속해서 내려친다.
나는 먼지 속을 달린다.
회초리를 바라보며 나는 운다.
"엄마는 말이었어."****

달리는 것 말고는 할 수 있는 게 아무것도 없을 때 마차가 달렸다. 목숨과 맞바꿔가면서 달렸다. 내가 읽은 문장들이 마차처럼 달려갈 때, 내가 학대한 말들도 덩달아 정신없이 날뛰었다. 밤이 검은 물속으로 빨려 들어가고 마차가 급류에 뒤틀리고 바퀴가 떨어져 나가고 몸은 덜덜 떨리고 밤은 성큼 건너오고

이오나는 가능한 한 잔뜩 웅크리고 마부대에 앉아 꼼짝도 하지 않는다.***** 나는 창문을 열고 창밖으로 얼굴을 내밀고 식은땀이 흐르는 이마를 식힌다. 바람이 계속해서 날뛰고 있다.

* "도중에 그는 갑자기 안드레이에게 마차를 세우라고 한 뒤 마차에서 뛰어내려 장전된 권총을 꺼내 새벽까지 기다릴 것도 없이 모든 것을 끝내버리고 싶은 순간이 한 번 있기는 했다." ― 도스토옙스키의 『카라마조프의 형제들』에서
** "함께 가지 않겠느냐, 귀여운 아가? 내 딸들이 너를 기다리고 있단다. 내 딸들이 너와 함께 밤의 춤을 출 것이야. 잠들 때까지 노

래하고 춤을 출 것이란다." — 슈베르트의 「마왕」에서

*** 나는 노래를 못한다. 노래를 잘하고 싶다는 생각은 없지만, 잘 부르고 싶은 노래는 있다. 나는 「마왕」을 듣는다. 「마왕」을 부르려면 혼자서 네 명의 목소리를 내야 한다. 해설자, 아버지, 아들, 그리고 마왕. 나는 나를 해설하고, 나는 나를 안고 달려가고, 나는 내 품에 안겨 두려움에 떨고, 나는 나를 유혹하면서 쫓아가고, 나는 내 품에서 내게 삼켜지고 죽는다. 나는 입을 크게 벌리고 계속해서 「마왕」을 부른다.

**** "네 엄마는 말이었어. 그런데 네 아버지는 누구지, 주얼?" — 윌리엄 포크너의 『내가 죽어 누워 있을 때』에서

***** "젊은 마부가 그렇게 물을 마시고 싶어 했던 것처럼 그도 무척이나 말하고 싶다. 아들이 죽은 지 곧 1주일이 되지만 그는 아직 그 누구에게도 말해본 적이 없다…… 자세히 차근차근 이야기하고 싶다…… 아들이 어떻게 병에 걸렸고, 얼마나 괴로워했으며, 죽기 전에는 무슨 말을 했고, 또 어떻게 죽어갔는지 그런 이야기들을 해야 한다……" — 안톤 체호프의 「애수」에서

3부

개처럼

눈이 흰 개야,
급식 우유를 줄게.
나는 흰 우유가 지겨우니까.

눈동자가 우유처럼 새하얀 개가
눈동자가 검은 아이를 쳐다보고 있다.

아이의 검은 눈동자 안에는
개의 흰 눈동자가 있다.

개의 흰 눈동자 안에는
개의 흰 눈동자가 있다.

우유를 부어주고 아이는 걸어간다.
동그란 눈동자에 담기기 위해
골목은 **빠르게 좁아진다**.
개는 아이를 따라간다.

아이가 길이어서 개에게는 길이 생기겠지만
개가 따라와서 아이는 길을 잃는다.

길을 찾기 위하여 아이는
개에게 돌을 던진다.

개가 짖는다.
대문 너머 개들이 같이 짖는다.

아이가 나를 앞질러 간다.
검은 담장 너머로 아이는 사라진다.

동그란 눈동자에 담기기 위해
전봇대들은 휘어진다.

눈이 하얀 개야 저리 가,
나는 음식이 아니야.

허옇게 배가 고픈 오후
남의 대문 앞에 개처럼

웅크려 앉은
사람들이 있다.

렌트

텅 빈 가게에 서 있다. 창밖을 바라보고 있다.
지나가는 사람들을 보고 있다. 옆모습이 정면을 향해 걷고 있다.

오후에는 꼬마들이 지나간다.
두번째 오후에는 교복 입은 학생들이 지나간다.
앞으로 배낭을 멘 아주머니가 다가와 중국집 전단지를 문에 붙이고 지나간다.
세번째 오후에는 창에 내 모습이 비치기 시작한다. 자동차 전조등이 지나간다.

빵 반죽을 비닐봉지에 넣는다. 반죽은 천천히 부풀어 오른다. 봉지도 천천히 부풀어 오른다. 봉지에 코를 대고 천천히 냄새를 맡는다. 문을 열자 냄새가 터져 나간다.

정면을 보고 걷던 사내가 옆을 바라본다.
나와 마주 보다 가방을 더듬대며 들어온다.

이 빵 한 개만 주세요.
나는 집게로 빵을 집는다.
내 손으로 만든 빵이지만 빵에 손을 대면 안 된다.

한 시간에 시급 오천 원
빵 한 개에 오천오백 원
빵이 먹고 싶다 내가 만든 빵

사내는 빵을 받으며 검은 장우산을 카운터에 기대어 놓는다.
빵을 들고 사라지는 뒤통수가 캄캄해질 때

검은 장우산이 가게에 있다.
텅 빈 가게에 우산하고 나하고 서 있다.

옆구리를 긁다

 빈대가 옮았다. 까마귀 몇 마리가 쥐 한 마리를 사이좋게 찢어 먹는 걸 구경하다가. 아무 일 없는 길거리에 아무 일 없이 앉아 있다가. 성스러운 강물에 두 손을 적시다가. 모를 일이지만 풍경의 어디선가.

 빈대가 옮았다. 빈대는 안 보이고 빈대는 안 들리고 빈대는 안 병들고 빈대는 오직 물고 물어서. 없애려 할수록 물어뜯어서. 남몰래 옆구리를 긁으며 나는 빈대가 사는 커다란 빈대가 되어간다.

 비탈길을 마구 굴러가는 수박처럼 나는 내 몸이 무서워지고. 굴러가는 것도 멈출 것도 무서워지고.

 공중에 가만히 멈춰 있는 새처럼 그 새가 필사적으로 날아가고 있었다는 사실처럼. 제자리인 것 같은 풍경이 실은 온 힘을 다해 부서지고 있다는 걸 알고 있는 모래들이 있다.

빈대는 나 대신 나를 물어 살고 빈대는 나를 물어 나 대신 내 몸을 발견한다. 빈대가 옳았다. 풍경을 구경하다가.

케빈 카터

 주저앉아 있었다. 넘어진 채로 스쿠터 바퀴가 돌고 있었다.
 버스 승객들이 창밖으로 머리를 내밀었다. 버스들이 잘 비켜서 지나갔다. 부모는 아이의 눈을 가려주며 조용히 지나갔다.
 땅을 더듬거리며 잘려나간 발목을 찾고 있었다.

 주저앉아 있었다. 흙을 움켜쥐고 있었다. 손아귀 바깥으로 길게 삐져나와 꿈틀거리는 것들을 다시 흙에다 비볐다.
 지지야, 먹으면 안 돼, 손바닥을 털며 일어섰다.
 지렁이 조각들이 서로 다른 방향으로 기어갔다.

 주저앉아 있었다. 꽁초를 주워 물고 있었다.
 다가와 라이터를 건네주었다. 혼자니? 잘 데 있어? 도와주려고 그래. 옆에 앉았다. 무릎에 손이 올라왔다.

주저앉아 있었다. 시든 자운영을 뽑았다. 그 자리에 해바라기를 심었다.
 수고했다, 금세 예뻐졌네. 선생이 다가와 꽃밭을 바라보았다.
 바깥에 내다 놓은 걸상들이 비를 먹었다. 가만히 뒤틀려갔다.

 나는 증오합니다. 이런 짓은 그만둬야 해요. 레바논 사람이 말을 걸었다.
 나도요. 접시를 들고 서서 대답했다.
 송아지 바비큐에서 맛 좋은 냄새가 풍겼다.

 국도에서 눈이 마주쳤다. 끌면서 몇 걸음을 걸어갔다.
 흘리고 온 내장을 쳐다보며 주저앉기 시작했다.
 돌아섰다. 좋은 사진을 얻었으니까.

살의를 느꼈나요?

아기 냄새가 나는 날씨여서
문을 열어두었다. 사그락사그락 흘러들어왔다.
눈이 마주쳤다.

사장님, 쥐가 들어왔어요.
네가 문을 열었으니까
네가 쥐 잡는 사람을 부르면 되지.

  손수 쥐를 찾기 시작했다. 맥주들을 들어내고 밀가루를 들어내고 상자들을 들어내고 맥주병 사이에서 밀가루 뒤편에서 쥐가 튀어나왔다. 나하고는 비교도 할 수 없이 민첩하게 목숨을 걸고서.
  검은 구멍들이 쥐처럼 웅크리고 있었다. 창고에서 삽을 꺼내 들었다. 죽은 비둘기를 묻어주려고 삽을 들었던 이후로 처음 삽을 꽉 쥔 채, 나는 숨을 죽였다. 쥐를 보자마자 쳐 죽여야지.

  살의를 느꼈나요? 기자는 물었다. 필리핀의 열두

살 킬러는 머리를 긁적이다 고개를 저었다.

동생들이 굶고 있어서요. 방아쇠만 당겼을 뿐인데요.

미안하지 않았어요? 그 사람도 가족이 있었을 텐데.

제가 아니라면 다른 사람이 돈을 받았을 테죠.

영업해요?

머플러를 두른 여자가 들어왔다. 나는 상냥하게 고개를 끄덕였다.

인테리어를 바꾸고 있었어요.

쥐 한 마리가 가게를 바꾸고 있었다. 손바닥으로 땀을 훔쳐냈다.

어째서

잊고 있던 꽃무늬 원피스가 잡혔다.
어떻게 이런 걸 입고 다녔을까 의아해하다
의아한 옷들을 꺼내 입어보았다.

죽어버리겠다며 식칼을 찾아 들었는데
내 손에 주걱이 잡혀 있던 것처럼
그 주걱으로 밥을 퍼먹던 것처럼

밥 먹었냐, 엄마의 안부 전화를 끊고 나면
밥 말고 다른 얘기가 하고 싶어진다.
나는 이제 아무거나 잘 먹는다.

잊지 않으려고 포스트잇에 적었지만
검은콩, 면봉, 펑크린, 8일 3시 새절역, 33만 원 월세 입금,
포스트잇을 어디에 두었는지 잊었다.

까맣게 잊어버린 검은콩이 냉장고에 있었다.

썩은 내를 풍기는 검은콩엔 왜 싹이 돋아 있는지.

이렇게 달콤한데, 중얼거리며
곰팡이 낀 잼을 식빵에 발라 먹던 엄마처럼
이렇게 멀쩡한데, 중얼거리며
유통기한 지난 우유를 벌컥벌컥 마시던 엄마처럼
죽고 싶다는 말이 솟구칠 때마다
밥을 퍼서 입에 넣었다.

엄마도 나처럼 주걱을 잡았을 것이다.
 눈을 뜨자마자 엄마는 매일 주걱부터 찾아야 했을 것이다.

밥맛은 어째서 잊힌 적이 없는지
꽃들의 모가지가 일제히
햇빛을 향해 비틀리고 있는지
경이로움은 어째서 징그러운지.

멈춰버린 시계를 또 차고 나왔다.
꽃무늬 원피스를 입고
꽃 없는 꽃밭에 철퍼덕 앉아보았다.

하얀

불을 끄니
불을 켜고 있을 때의 내 생각을 누군가
훤히 읽기 시작한다.

낮에 만난 이야기들은 햇빛에 닿아
타버렸다.

베란다의 토끼는
귀가 커다랬고 털이 하얬고 나날이
뚱뚱해졌다.

내가 없는 한낮에
벽지를 뜯고 책상을 갉고 내 운동화를 핥더니
어느 날 죽어버렸다.

입술을 뜯어 먹다가 내 입술에서 배어 나오는 피를
빨아 먹었는데 왜 그랬습니까?
기억이 나지 않는다고 살인자는

대답한다. 나는 다른 죽음을 향해
채널을 바꾼다.

불 꺼진 방에
앉아 있다. 아픈 사람처럼 누군가
앓는 소리를 내고 있다.

토끼를 씻어주었던 날 토끼는 죽었다. 나는 두 손으로
누군가의 까만 그림자를 씻는다.
기억나지 않던 것들이 기억나기 시작한다고
살인자가 대답한다.

불을 켜니
불을 끄고 있었을 때 누군가가 했던 생각을
이어서 하게 되고

우리 건물이

흰 안개에 싸여 있다는 걸 나가서야
알게 되었다.

익스프레스

 모르는 사람들이 집에 들어온다.
 여자가 내 밥그릇을 꺼내 간다. 남자가 내 자전거를 끌고 간다. 사람들이 내 옷장을 들고 간다. 모르는 벽이 나타나고 모르는 집이 되어간다.

 한쪽 벽에 손을 대고 걸으면
 미로에서도 길을 잃지 않았고
 벽을 들여다보다
 모르는 무늬에 손을 대었다.

이 자리에 꽃병이 있었다.
꽃은 모가지만 있어도 예뻤다.
꽃병에 물을 담아 마신 적이 있었다.
이불 속에 몸을 두고 모가지만 길게 내밀었다.

 모르는 남자가 꽃병을 떨어뜨려 꽃병을 깨뜨린다.
 여자가 내 옷장에 내 오르골을 넣어둔다. 내 책꽂이에 내 머리빗을 놓아둔다. 모르는 사람들이 돌아가고 모르는 벽으로 둘러싸여 집이 완성된다. 발자국을 닦아내고 의자에 웃옷을 걸쳐둔다. 내 옷 앞에 마주 앉는다.

첫 밥솥

밥맛 좋은 밥솥을 받았다.
첫 밥솥이 있던 자리에
새 밥솥을 둔다.

새 밥솥은 감히 말을 한다.
취사를 시작하겠습니다.
맛있는 밥이 완성되었습니다.

아무도 밟지 않은 숫눈처럼 새하얀 밥을 덥석 물고 한 손으로는 떨어진 밥풀을 주워 다시 입에 넣어 가면서 내가 나를 하얗게 지웠다.

멀쩡한 것들 옆에 첫 밥솥을 두고 돌아선다. 전파사에서 안고 걸어왔던 빨간 밥솥. 밥솥 중에서 가장 작았던 밥솥. 혼자 쓰기엔 조금 컸던 밥솥. 버튼이 하나뿐인 내 밥솥. 밥도 하고 죽도 쑤고 빵도 굽고 감자도 삶던 내 밥솥. 칙칙폭폭 기차 소리를 냈던, 어제를 통과하고 오늘을 통과하고 미지의 노선을 통과했던 첫 밥솥. 나는 매번 플랫폼에 미리 도착한 사람이 되었고 밥이 도착할 시간을 기다렸다.

 밥 한 줌을 신에게 바치는 상인을 본 적이 있다. 바나나 잎에 밥과 꽃을 담아 대문 앞에 놓고서 향을 피우고 기도를 했다. 저녁이 끄덕끄덕 넘어질 때 개가 천천히 다가와 그 밥을 먹었다. 밥풀을 먹으려 새까맣게 달라붙은 개미까지 싹싹 핥아 먹었다. 그때만큼은 잘 먹고 잘살게 해달라는 기도를 덜 미워했다.

 푸지게 눈이 내리기 시작한다.
 밥알처럼 새하얀 눈송이들.

 빨간 밥솥 옆에
 빨간 주전자도 버려져 있다.

멍

더러워졌다.
물병에 낀 물때를 물로 씻었다.

투명한 공기는 어떤 식으로 바나나를 만지는가. 멍들게 하는가. 멍이 들면 바나나는 맛있어지겠지.
창문을 씻어주던 어제의 빗물은 뚜렷한 얼룩을 오늘의 창문에 남긴다.

언젠가부터 어린 내가 스토커처럼 끈질기게 나를 따라다닌다. 꺼지라고 병신아, 아이는 물컹하게 운다. 보란 듯이 내 앞에서 멍든 얼굴을 구긴다. 구겨진 아이가 내 앞에 있고는 한다.
사랑받고 싶은 날에는 사람들에게 그 어린 나를 내세운다. 사람들은 나를 안아준다.

구겨진 신문지로 간신히 창문의 얼룩을 지웠다. 창밖을 내다보다
멍든 바나나를 먹었다.

대신

빈방에 남아 있던 체취에게 양팔을 뻗었던 기억이 있다.
체취는 매번 사람보다 커다랗다.

기억 속에서
나는 울고 있지만 사진 속에서
나는 웃고 있다.

아이가 엄지발가락을 손가락 대신 입에 넣으려 한다. 발바닥 대신 손바닥과 무릎으로 걸어간다.
모빌의 그림자가 모빌 대신 벽을 공전한다.

동시에

 자판기 불빛을 마시러 갔다. 만지작대던 동전을 넣으면 금세 환해지는 게 좋았다. 종이컵과 악수를 하는 게 좋았다. 갓 태어난 메추라기처럼 따뜻한 종이컵. 테두리에 이빨 자국을 새기는 게 좋았다. 의자 위에 세워두었다. 내가 버린 컵은 편지가 되었다.

 비바람 치는 밤에는 빗방울들이 악착같이 나를 부르는 게 좋다. 발음이 어려운 내 이름을 두 번 부르게 하는 게 좋다. 내 이름을 모른 체하느라 벗어놓은 옷을 내가 뒤집어쓰는 게 좋다. 폭우에 몸을 녹이느라 폭우를 맞는 게 좋다. 성당의 첨탑 아래에서는 악마와 천사가 공평하게 부식되는 게 좋다.

 종이컵 편지에 빗방울이 모여들 것이다. 빗방울이 모여 구름을 새길 것이다. 연녹색 손바닥이 버즘나무 가득 퍼드덕거릴 것이다. 잘 가라는 손짓이면서 동시에 잘 있으라는 손짓일 것이다.

뒷면

발소리가 조여온다. 발소리가 팽팽하게 조여온다.

가로수의 조용함이 뾰족해진다. 가로수의 음영이 날카로워진다.

모퉁이에서 뒤돌아선다.
누구야, 왜 따라와. 밤길이 걱정이 되었어. 나를 빤히 쳐다본다. 내가 모르는 내 비밀이 발끝에 엉겨 붙는다. 내가 모르는 내 비밀이 덥석 자라난다. 내 행세를 하기 시작한다.

우리는 잠시 공원에 앉아 미끄럼틀을 바라본다. 미끄럼틀의 밝은 면은 비어 있다. 미끄럼틀의 어두운 면은 숨어 있다.

아무도 없는데 센서등이 켜지고 꺼진다. 고양이가 나타났다 사라진다.

가방

가방을 끌어안고 가방 속을
들여다보는 여자를 보았다.

도시락 카트가 지나갔고 터널이 지나갔다.
머리카락을 치렁치렁 늘어뜨린 채
여자는 가방 속을 보고 있었다.

다리 위를 지날 때
가방이 꿈틀거렸다. 가방은 소리를 냈다.
여자는 주변을 둘러보았고 승객들이 가방을 쳐다
보았다.

가방에 여자가 손을 넣었다.
가방이 조용해졌다.

내 가방을 나는 들여다보았다.
검은 물 아래 파란 물이 파란 물 아래
투명한 물이 투명한 물 밑에 하얀 산호 숲이

하얀 산호 사이에 은색 물고기가 있었다.

물고기가 아플 때 나는 어항에 소금을 뿌렸더랬다.
소금은 물고기를 치료해주었지만
소금 덩어리를 삼켜서 물고기는 죽었다.

식칼을 넣은 핸드백을 끌어안은 채
내 손을 꼭 쥐고서
아빠 회사를 찾아갔던 엄마에게

문자를 보냈다.
새로 생긴 일식집에서 아빠와 초밥을 먹고 돌아왔다 했다.
아빠가 좋아하는 고추장아찌를 담그고 있다 했다.

비극

 감나무 밑에 떨어진 감이 보였다. 아무도 주워 가지 않았다. 저 혼자 열심히 물컹물컹해졌고 스멀스멀 검어졌다. 나는 썩어가는 감이 거들떠보지 않는 감이었다.

 이가 없다며 떡은 안 먹던 할머니는 이도 없으면서 쇠고기는 꿀떡꿀떡 삼켰다. 접시 위에 남겨진 떡을 나는 꼭꼭 씹었다.

 국화빵 사서 갖다 드리라고 아빠가 천 원을 주었다. 종이봉투 속에서 흐물흐물해진 살색 국화빵을 할머니 방문 앞에서 내가 다 먹어버렸다.

 세상에 호상은 없는 거라고. 모든 죽음은 다 슬프다고. 언니가 울었다. 호상은 호상이지. 나는 머릿고기를 꿀꺽 삼켰다. 이 비극이 박약했다.

 늙으면 엄마가 더 열심히 씻을게. 왜, 엄마. 네가

노인 냄새를 싫어하니까, 가까이 가지도 않으니까. 노인 냄새를 싫어한 게 아니야, 엄마. 나를 사랑해준 노인을 만나본 적이 없었던 거야.

 국화빵 한 봉지 사 들고 돌아와 할머니 방에 들어간다. 할머니가 앉던 방석에 앉아 할머니가 덮던 담요를 덮고 국화빵을 먹는다. 냄새를 생각할수록 냄새가 사라진다.

그래서 그랬다

 살구꽃은 무섭다. 하루아침에 새까매진다. 가로등 아래서 살점처럼 시뻘겠는데.
 살아가는 것이 죽어가는 것보다 무섭다. 유리컵 속에 가둔 말벌이 죽지는 않고 죽어만 간다.

 잠그지 않은 가스밸브처럼 가만히 누워 있는 내가 무섭다. 아무도 없어서 무섭고 누군가 있을까 봐 더 무섭다.

 엄마한테 할 말 없니
 엄마의 그 말이 내 말문을 닫는다.

 할 말이 없어서 무섭고
 할 말이 생길까 봐 더 무섭다.

 나도 모르게 울음이 터질 때와 같이 무서워하던 것들이 시원하게 풀려나간다. 눈물도 안 나던 순간에 눈물이 갑자기 끝나는 순간에 무섭다는 말이 무

색해지는 순간에 한 번도 믿어보질 못해서 쉽게 믿어버릴까 봐서

 술 취한 친구의 눈빛과 술 안 취한 친구의 눈빛과 그래서 그랬다는 말과

 아빠의 검지가 무섭다. 한 마디만 남아서 손톱이 없어서 손톱이 없는데도 가려운 데를 긁어서

복성루

문발의 구슬이 짤랑거린다.
귀퉁이에 깍두기 한 대야가 놓여 있다.

뭘 먹고 싶으냐고 물을 때마다 옛날 애인은 짜장면, 짜장면이라 했다. 끈적끈적한 물기가 그릇에 흥건했다. 거기에 밥까지 말아 철벅철벅 비벼 먹으며 옛날 애인은 한 입만 먹어봐, 숟가락을 들이밀었다.

양푼에 짜장면이 담겨 온다.
나는 비닐 장판에 앉아 있다.
옛날 짜장은 짜장보다 시커멓고
옛날 짜장은 짜장보다 달다.

머리 없는 개 한 마리가 긴 꼬리를 늘어뜨리고 누워 있어 재래시장은 가기가 싫었다. 옆에 북실개 한 마리가 흔드는 꼬리도 보기가 싫었다. 할머니가 까서 쥐여주던 귤은 뜨끈뜨끈해서 먹기 싫었고 나를 혼내고서 엄마는 뜨끈한 손바닥으로 밤새도록 내 이

마를 쓰다듬었다. 엄마의 얼굴에서 개의 혓바닥이 드넓게 삐져나와 내 이마를 핥는 꿈을 꾸었다.

 조선족 아가씨가 손으로 잔반을 긁어모은다. 오늘 힘들다, 빨간 다라이에 쏟아부으며 중얼거린다. 짜장 소스가 범벅 된 손으로 조선족 아가씨는 보리차 한 잔을 내 앞에 내려놓는다.

 밤이면 구토를 쏟아놓는 취객이 있고 아침이면 조잘거리는 참새 떼가 토사물 위에 축제처럼 모여든다. 밥풀과 오징어 조각 위를 찰박찰박 걸어 다니며 신나게 쪼아 먹는다.

 맛있었어? 응. 옛날 애인의 버릇대로 나는 보리차로 입을 헹군다. 온정은 매번 끔찍함과 엉겨 붙어서 끈적거리는 입과 손을 물티슈로 싹싹 닦고 싶어진다.

예의

명절처럼 한 사람씩 모여들었다.
식구들은 자꾸 자리에서 일어났다.

마실 물을 가져다주었고
덮을 담요를 가져다주었다.
개를 위할수록 개는 혼자가 되었다.

개는 헐떡였다.
헐떡였지만 웃는 것 같았다.
주섬주섬 카펫 바깥으로 기어가 오줌을 쌌고
그 위에 쓰러졌다.

온 가족이 둘러앉았다.
식구들은 번갈아 머리를 받쳐주었다.
어린 개가 죽어가는 걸 지켜보다가

잘 가, 깜지야. 가라고 하지 마, 얘가 들어.
먼저 자, 출근해야잖아. 같이 기다릴 거야. 같이

뭐를 기다리는데?
    눈을 감겨줄 거야. 손 치워, 숨을 못 쉬잖아. 죽었잖아.

    사랑하는 목숨이 숨을 거두는 동안
    우리는 충분히 우스꽝스러웠고

    개의 시체를 토마토 상자에 넣고
    차가운 데에 두자며 현관으로 옮겼다.
    식구들은 옹기종기 누워 잠을 청했다.

보일러실

뼈를 쥐고 고민한다.
쓰레기인가, 음식물 쓰레기인가.

쓰레기는 땅에 묻고
음식물 쓰레기는 재활용한다던데

뼈를 치운 날에는 꼭 개가
보일러실로 갔다.

뼈는 잘못 삼키면 죽는다던데
아빠는 생선을 뼈째 씹어 먹던데

네 밥 먹어야지
사료를 줘도 냄새만 맡고 보일러실로 갔다.
개는 뼈를 사랑했다.

지금은 보일러실 유골함에 개 뼈가 있다.
앤젤펫에 가져가면 뼈로 목걸이 만들어 준다던데

이제는 치킨을 먹으며 이런 얘길 한다.

뼈를 쥐고
슬금슬금 보일러실로 가본다.

개가 남긴 뼈와
뼈로 남은 개 옆에
뼈를 둔다.

만진다

아이가 아기 인형을 만지러 한다.
여자가 아이를 끌어안는다. 병원의 인형은
만지지 말라고 말한다. 병든 아이들이
끌어안았던 것이므로.

나는 그때를 떠올린다.
요크셔테리어가 집에 왔을 때
엄마는 창고에 그 녀석을 넣으며
만지지 말라고 말했다. 갓 태어난 것들은
손을 많이 타면 죽는다고.

처방전을 들고 병원을 나온다.
내과 앞 동물병원 앞에서
아이들이 쇼윈도를 두드리고 있다.
개를 부르는 소리가 개를 병들게 하고 있다.

병든 것은 아무도 만지려 하지 않고
죽은 것은 더 이상 병들지 않는다.

갓 태어난 것들은 쉽고 깊게 병들고
　쉽고 깊게 병들 때마다 나는 다시 태어나는 것 같았다.

　약국에 들어가 약을 받는다.
　여자가 아이에게 물약을 먹이고 있다.
　혼자 집으로 돌아오다가
　아무도 없다는 게 무서워져서
　뒤를 돌아본다.

　아무도 없다. 나는 혼자다. 누구도
　나를 만지지 않았다.
　그게 나를 안심시킨다.

　엘리베이터에 올라탄다.
　같이 탄 아이가 나를 힐끔거린다.
　내가 아이의 머리를 만진다면
　아이는 분명 무서워할 것이다.
　나는 내 머리를 만진다.

다음 돌

 지하철의 다음 칸에도 내가 앉아 있다. 문을 열면 거기에 앉아 있던 내가 그다음 칸 문을 연다.

 가족이 모두 돌아올 때까지 엄마는 창문을 켜놓는다. 환하게 열린 냉장고 앞에 서서 엄마는 반찬을 꺼내 먹는다. 얼음 트레이 속에는 얼음이 얼어 있다. 하나씩 하얗게. 창문에 불이 켜진다. 엄마는 얼음의 내부를 서성인다. 나는 종점의 내부를 서성인다. 같은 길을 반복해서 걸으면 길을 잃었다는 느낌이 든다.

 내일도 내일이 내일이니까 내일은 생각할 필요가 없다. 검은 돌을 주워 검은 돌밭에 던진다.

.

별로

 개 옆에 앉아 개의 주인을 기다렸다.

 스케이트보드를 무릎 위에 올려두고서 스케이트보드를 타는 아이들을 바라보았다. 똑같은 사람이 세번째 지나갔고 개가 꼬리를 세번째 흔들었다. 왜 혼자 있어? 같이 탈래? 어떤 애가 물어보길래 별로, 라고 대답했다. 별로 별로 중얼거리면서 아이들을 바라보았다. 아무도 오지 않는다면 이 개를 데려갈 수 있을 것 같았다. 아무도 오지 않았으면.

 아이들이 죄다 사라져버렸으면. 아이들이 또 말을 건넸으면. 벚꽃이 벚꽃으로부터 꽃잎을 풀어주고 있다. 그늘이 그늘로부터 그림자의 윤곽을 풀어주고 있다. 벤치에는 모르는 사람의 카디건이 걸려 있고 카디건에는 실밥이 풀린 채 단추가 달랑거리고 있고 벚꽃잎 몇 장이 단추처럼 얹혀 있다.

 개는 내 발을 베고 잠이 들었다. 나는 개를 모르는

데 발이 개에게 묶여 있다. 개의 코가 천천히 말라가는 걸 보며 노래를 불러주고 있다. 옛날옛날 한 옛날에 다섯 아이가 우주 멀리 아주 멀리 사라졌다네. 이젠 모두 용사 되어 오 돌아왔네. 후뢰시맨 후뢰시맨 지구방위대———

 개가 깨면 안 되니까 조용조용 부르고 조용히 부르니까 씩씩한 노래가 구슬퍼지고 스케이트보드는 무거워지고 벚꽃잎은 우르르 멀어져가고

 나는 별로 별로 사라지지 않는다.

4부

가장 남쪽

입을 벌리다
냉동실을 열고 나는 내 방을 들여다보았다.

조기들이 꽁꽁 껴안고 있었다. 조기와 마주 보면서 나는 내 살을 젓가락으로 헤집었다. 환한 살점을 골라 입에 넣는데 조기도 입을 벌리고 있었다.

먹고 싶었던 것이 남아 있으면 쓰레기처럼 보였지만

머리를 감다
내 뒤에 누군가 서 있었다. 내 머리카락을 하나씩 세고 있었다.

책상 밖으로 빼놓은 내 의자나 이불 밖으로 삐죽 나온 내 맨발은
남의 것 같았고

오븐과 방향제와 가방과 장갑과 전공 서적이 그 옆에 놓여 있었다. 가지고 싶었던 것들이 모여 있으니 쓰레기장처럼 보였다.

정전과 천둥과 부슬비, 발가벗은 아기 인형의 반질반질한 눈동자, 지저분한 발가락, 발가락을 핥는 개의 혓바닥, 빈 종이봉투에 남아 있는 빵냄새, 저수지 얼음 위에서 모닥불을 피우는 사람들과 머리 위로 번지는 연기와

물이 뚝뚝 떨어지는 긴 머리카락을 앞으로 늘어뜨린 채
뒤를 돌아보았다. 샤워 커튼이 공중에 매달려 있었다.
분홍 곰팡이가 밑단에 매달려 있었다.
떨어진 머리카락이 떨어진 머리카락에게 들러붙고 있었다.

다리 사이에 머리를 넣은 채
쓰던 샴푸를 짜서 커튼 밑단을 빨았다.

불을 켜다
코밑을 문지르다 잠에서 깨어났다.
불을 켰다. 베개가 물들어 있었다.

고개를 꺾어 천장을 보았다.
코피가 콧속으로 흘러들어갔다.

몸 바깥으로 피가 쏟아지는 일
악몽이 몸 바깥으로 질질 흘러내리는 일
아침이 세상으로 나를 내쫓는 일

왜 어디서부터 어째서
묻다 보면 질문은 몸의 다른 곳까지 이동했다.

불을 껐다. 눈을 깜빡이며 천장을 보았다.

끝없이

티슈를 뽑아 입을 닦았다. 새 티슈가 또 버젓이 나와 있었다. 꿈에서 깨어나는 꿈으로부터

깨어나는 꿈을 꾸고 싶었다. 나쁜 꿈은 놀아달라고 번번이 칭얼댔고 같은 놀이를 반복했고 어린 나이에 죽어버린 사람과 같은 모습을 했고

매번 얼굴을 바꿨고 매번 이유를 바꿨다. 너 같은 아이가 이 세상에 얼마나 많은지 나쁜 꿈에게 나는

말해주지 않을 수 있다. 끝까지 그 말을 들어줄 수 있다. 똑같은 자세에서 끝나버리는 실뜨기처럼 멍청해 보여도 기꺼이 처음을 반복할 수 있다.

버려진 기억에게서 버려진 기억으로부터 다시 버려지는 기억이 될 때까지

캄캄한 복도를 향해 텅 빈 문이 열리고 모든 층의 버튼을 장난삼아 눌러놓은 엘리베이터처럼 캄캄한 복도마다 티슈 같은 불빛이 쏟아지고 티슈를 찢어가며

나는 국화를 접고 있었다.
끝없이 꽃잎을 접어야 한다.

냉동실을 열다
먹다 남긴 수육을 들고 냉동실을 여니
어젯밤에 만든 눈사람이 들어 있었다.

작은 눈사람을 손 위에 올려보았다.
차가운 사람은 차가운 곳에 있어야 하지.

조금 더 차가운 곳으로
눈사람과 나는 걸어갔다.
내 시체들과 더 오래 살아가기 위하여

남쪽으로
더 차가운 남쪽으로

펭귄은 추위를 좋아하지 않는대.
살아남기 위해서 더욱더
적이 없는 곳으로 가게 된 것뿐이래.

너무 차가워진다면 죽은 것들처럼
살을 꼬집어도 아프지 않겠다.
깨어 있어도 꿈꾸는 것 같겠다.

룸메이트

1

내가 아닌 내가 더럽힌 변기를 닦고 나의 비누를 훔쳐 쓰고 나와 함께 빵을 나눠 먹는다.

밤새 나는 이를 갈고 내가 이를 가는 소리에 내가 깨어나고 죽은 나에게 편지를 쓰려고 책상에 앉는다.

커튼을 열면 농구 코트와 벚나무 숲이 보이고 커튼을 열면 벚나무 숲이 보이고 커튼을 열면 벚나무 숲과 연못이 보인다.

커튼은 내려앉는 밤하늘 같고 밤하늘은 커튼처럼 열릴 것 같고 밤하늘을 열면 눈동자들이 쏟아질 것 같고

농구 코트에서 나는 공을 튕긴다. 공을 던지면 공은 솟구친다. 공이 바닥으로부터 멀리 달아난다.

연못가에서 나는 빵을 먹는다. 빵을 던지면 파문이 인다. 돌을 던지면 파문이 인다. 붉은 입이 튀어나와 빵과 돌을 삼킨다.

창문에 서서 내가 나를 구경한다. 비를 맞고 수천 개의 꽃잎들이 떨어진다. 창문에는 수천 개의 물방울이 붙어 있다.

2

다리가 너무 긴 너는 오늘 밤도 방구석에 앉아 있다.
나는 아랫목에 있었고 너는 윗목에 있었지만
그 긴 다리를 우산살처럼 펼치고 너는 무언가를 기다린다.
가는 발끝을 움직여 실로 빚은 복도와 방을 꺼낸다.
방 안에 방이 하나 생겨나고 있다.

뒷면에 솜털을 각별히 고르는 새 잎을 생각한다.
먼지로 고리를 만드는 토성을 생각한다.
허락받지 못한 것들은 외풍처럼 안팎을 드나든다.

나는 철제 손잡이가 되어간다.
차가운 물질이 조금 더 차가운 물질에게 다가간다.
차가운 것을 오래 잡으면 따뜻해진 자기 체온을 만날 수 있다.

친구의 방에선 친구가 춥고 내 방에선 내가 춥다.
친구는 친구의 방에서 견디고 나는 내 방에서 견딘다.
친구 방에 가지 않으려고 아랫목에서 발끝을 비빈다.
발이 발을 녹인다. 알전구가 알전구를 녹인다.

밖에서 바라본 구멍 하나가 안에 있는 누군가에겐

창이 되고
　창 속의 작은 방이 건너편 창에 우편물처럼 도착한다.

　너는 입김을 동그랗게 뭉친다. 윗목의 더 위쪽에서 발을 비빈다.
　입김 속에서 포도처럼 수많은 알들이 터져 나온다.
　크리스마스처럼 창틀에 물방울들이 켜진다.

3

　개의 주인을 찾는다는 전단지를 보면 개의 주인이
　길을 잃어버린 것 같다. 골목의 테두리를 골똘히 헤매고 있을 것 같다.

　운동장을 가로지르는 건 망설여져서
　테두리를 돈다. 내 팔에 주근깨가 생겼다는 걸 발

견한다. 새로운 것들이
  내 몸에서 자꾸 생겨난다.

이 동네엔 실패한 왕의 무덤이 있다. 주민들과 함께
  무덤의 테두리를 산책한다. 실패한 죽음은 커다랬
다. 정자각에는
  죽은 사람의 밥그릇이 놓여 있다. 밥그릇의 테두
리가
  어둠 속에서 빛난다.

  오픈한 죽집에서 풍선을 나눠 주고 있다. 공기로
가득 찬
  공기의 테두리를 받아 들고서 죽을 떠먹는다.

  데이트라는 간판 옆에 물망초, 마이걸, 해 뜰 날이
있다.
  여자들은 모여 있고 문은 열려 있다. 가져가지 마
세요. 눈으로만

예뻐해주세요. 물망초 앞에 물망초 화분들이 모여 있다.

4

내일은 물고기를 키울까.
그러면 물고기의 내일이 사라지겠지.

저녁에는 버스하고 돌아다닌다.

가득 차 있는
빈 의자 사이에 빽빽하게 비어 있다.

집에 돌아와
불을 켜자 형광등이 나가버린다.
나가버린 형광등을 들고서 집을 나간다.
형광등과 똑같은 형광등을

데리고 돌아온다.

배경음악하고 마주 앉아 밥을 먹는다.

어제도 들었던 노래고
나는 똑같이
따라 부른다.

빈 의자에 빈 어항이 놓여 있다.

빈 어항에서
부드러운 배경음악이
밤새 흘러나온다.
부드러운 바람이 밤새 지나간다.

물고기들이
입에서 흘러나와
바깥으로 날아간다.

5

저기 가보자,
새로 생긴 성당을 턱을 들어 가리킨다.

기도하러?
친구들은 한쪽 눈썹을 치켜세운다.

스테인드글라스가 예쁘잖아.
기도만 없으면 모두 함께

성당에도 들어갈 수 있고
아름답다고 말할 수도 있다.

미사를 안 하니까 좋네.
성자들을 둘러보면서 우리는 재잘댄다.

청년들이 찬송가를 연습하고 있다.
온화한 노래를 아름답게 부른다.
사람이 아닌 것 같다.

천사들은 눈처럼 새하얗다.
저 속으로 내 손을 깊숙이 찔러 넣으면
손이 눈부시게 시렵겠지.

스테인드글라스 그림자가
긴 의자 위에 길게 내려앉아 있다.
하늘도 마리아도 성스러운 십자가와 함께
알록달록 조각나 있다.

창밖이 안 보여서 우리는 즐겁구나.
알록달록 빛나는 그림자 속에 앉아 있다.

노래의 일

사람이 생각날수록
사람을 피해 다녀야 했다.
우리는 우리조차 피해야 할 것 같다.

말을 할 때마다 짚이 쏟아진다.
지푸라기 인형이 되어간다.

두고 갔다며
어떤 여자가 거울을 주워 주었다.
버린 것이었는데.
감사하다고 인사를 했다.
반가운 표정을 지어 보였다.

외출을 하고 돌아오면
내다 버리려 했던 내 것들과
우리가 뱉은 지푸라기가 방에 가득 차 있었다.

지푸라기 끝에 간신히 매달린

매미 허물들을 주웠다.
살아남기 위해서 노래는 우리를
벗어두고 도망쳤다.

손가락 두 개로
빈 몸을 깨뜨린다.
이 모습을 내려다보며 노래가
노래의 일을 하고 있다.

빨간

사슴이라는 말을 들었다.
사슴은 태어나면서부터 갈지자로 뛴다
는 말을 들었다. 먹히지 않으려고

여자라는 말을 들었다.
먹고 싶다
는 말을 들었다.

*

목소리는 어디까지 퍼져나가 어떻게 해야 사라지지 않는가 눈물을 흘리면 눈알이 붉어졌다 고통에 색이 있다면 그 색으로 나는 이루어져 있을 것이다 창문이 열려 있다면 창문을 넘어 번져가 창밖의 은행나무와 횡단보도와 건너편 건물의 창문까지 부글부글 타오르는(창문을 열어줘) 저것을 나는 고통의 색이라고 말할 것이다 사람의 피가 빨갛다는 말을 믿고 있다 새빨간 태양이 떠오를 때처럼 점점 눈이

부시다

 살인자에게서도 기도를 빼앗을 수는 없다는 나의 한 줄 일기와
 당신들이 자살하게 해달라는 나의 기도 사이를 헤맬 것이다.

*

 이곳으로 가면
 길이 없다는 말을 들었고

 인간이라는 말을 들었다.
 인간은 태어나자마자 울어야 한다
 는 말을 들었다.

 당신들은 발가벗은 채 발목을 잡히고
 공중에 대롱대롱 매달린 채 매를 맞고

처음으로 울어야만 한다.

말할 수 없는 고통들이 말해지는 동안
믿어본 적 없는 소원이 이루어진다.

고통을 축하합니다.
빨간 촛불을 켜고 노래를 부른다.